Die Zerwürfnisse der Schwester Agnes
Aus den Tagebüchern des Klosters Rehna

FSC
www.fsc.org
MIX
Papier aus ver-
antwortungsvollen
Quellen
Paper from
responsible sources
FSC® C105338

Herold zu Moschdehner

Der Finger von Neubrandenburg

Neue Gedichte von Friedrich Griese

Bibliografische Information der Deutschen Nationalbibliothek
Die Deutsche Nationalbibliothek verzeichnet diese Publikation in der Deutschen Nationalbibliografie; detaillierte bibliografische Daten sind im Internet über http://dnb.d-nb.de abrufbar.

ISBN: 978-3-7693-0719-1

Copyright (2024) Herold zu Moschdehner
Verlag: BoD · Books on Demand GmbH,
In de Tarpen 42, 22848 Norderstedt
Druck: Libri Plureos GmbH,
Friedensallee 273, 22763 Hamburg
Alle Rechte bei dem Autoren.

9,99 Euro

Vorwort

In den tiefen Archiven des alten Klosters Rehna, verborgen in einem Staub jahrhundertealter Bücher und Pergamente, wurde vor kurzem eine außergewöhnliche Entdeckung gemacht. Zwischen theologischen Schriften und abgegriffenen Liturgien stieß ein Forscher auf ein vergilbtes Tagebuch, das seit Jahrhunderten unbeachtet lag. Es war das Tagebuch einer Nonne namens Schwester Agnes, die im 13. Jahrhundert im Kloster Rehna lebte und deren Aufzeichnungen bis heute nichts an Brisanz verloren haben.

Die Einträge in diesem Buch sind nicht nur ein Fenster in das klösterliche Leben und die spirituellen Herausforderungen jener Zeit; sie enthüllen auch den inneren Kampf einer Frau, die von tiefen Zweifeln geplagt wurde – Zweifel, die sie auf einen Weg führten, der das heilige Fundament des Klosters und ihres Glaubens erschütterte. Ihre Worte tragen eine Unruhe in sich, eine schleichende Dunkelheit, die zunehmend Besitz von ihr ergriff. Das Tagebuch erzählt, wie Schwester Agnes sich nach und nach vom christlichen Glauben abwandte und sich stattdessen einer anderen, finsteren Macht zuwandte, die sie mit jeder Zeile und jedem Gebet tiefer in ihren Bann zog.

Was diese Einträge besonders beklemmend macht, ist die eindringliche Beschreibung ihrer Begegnungen mit einer Gestalt, die sie als Satan selbst zu erkennen glaubte. Ihre Gedanken und Gefühle werden von Eintrag zu Eintrag unheimlicher, bis am Ende die Grenze zwischen Realität und Vision fast vollständig verschwimmt. In ihren letzten Aufzeichnungen wirkt sie wie eine Frau, die nicht mehr allein ist, die ihre innersten Gedanken mit einer finsteren Präsenz teilt, die sie selbst in Worte kleiden will.

Die Veröffentlichung dieses Tagebuchs stellt für uns eine beispiellose Gelegenheit dar, die Schattenseiten der menschlichen Seele und die Versuchung des Unbekannten zu ergründen. Es zeigt die Zerbrechlichkeit eines Glaubens, der von Zweifeln untergraben wird, und die Anziehungskraft eines dunklen Weges, der sich für diejenigen auftut, die zu tief in das eigene Innere blicken. Die Worte von Schwester Agnes mögen für einige Leser eine Warnung sein, für andere vielleicht ein Mysterium, das weiterhin ungelöst bleibt.

Wir laden Sie ein, in die Welt von Schwester Agnes einzutauchen, um eine Geschichte zu erleben, die das Fundament des Klosters Rehna erschütterte – und vielleicht den Glauben, den sie einst so fest in ihrem Herzen trug.

Neubrandenburg

Stadt der Tore, fest im Land,
Wo Mauern trotzen, Stein und Sand.
Die Feldsteine glühn im Abendlicht,
Stark, doch still, im alten Gesicht.

Vier Tore wachen still und schwer,
Sie sehen Flüsse, Seen, das Meer.
Durchzogen von der Zeit, die drängt,
Ein Hauch von Ewigkeit, der hängt.

Wo Mauern raunen, flüstert's leis,
Von Stürmen, Krieg und stillem Fleiß.
Die Wege steinig, krumm und alt,
Doch fest das Herz, im Sturm so kalt.

Und unterm Dach der Dächer, hoch,
Schlägt fort der Schritt, wie einst ein Joch,
Doch frei nun, wie der Wind es weht,
Durch das Geäst, das ewig steht.

So ist sie da, die Stadt am Rand,
Wo Türme streben, fest im Land.
Neubrandenburg, aus Stein gemacht,
Hält still die Wacht, bis der Morgen lacht.

Herbstwald

Die Blätter fallen, sacht und stumm,
Ein letzter Tanz im goldnen Glanz,
Die Äste lehnen sich darum,
Zum Bogen weit und alten Kranz.

Der Wind geht leise, kühlt das Land,
Der Himmel wölbt sich still und schwer,
Ein Ahorn blutet, Blatt um Blatt,
Und Nebel steigt, wie kommt er her?

Ein Rascheln tritt aus stiller Hand,
Die Füße finden weichen Grund,
Die Erde atmet, dunkel, warm,
Bedeckt das Jahr in einem Bund.

So steht der Wald in tiefem Traum,
Die Tiere schweigen, Wurzeln tief,
Und selbst der Fluss, in seinem Raum,
Schläft still und leise, treibt ein Rief.

Bis neuer Sturm das Land erwacht,
Mit Eis und Harsch die Bäume bricht,
Doch heut in sanfter Herbstesnacht,
Ruh'n sie im warmen Abendlicht.

Der tote Hase

Im Morgentau, im stillen Gras,
Liegt er nun da, der Hase blass,
Die Pfoten ausgestreckt, so stumm,
Der Wind fährt leicht, die Luft ist klamm.

Die Augen trüb, kein Flimmer mehr,
Das Fell, vom Regen schwer und leer,
Ein sanftes Wesen, flüchtig, klein,
Nun ruht es still im Erdendsein.

Kein Sprung mehr durch die Wiesen weit,
Kein Haken schlägt er mehr im Streit,
Der Morgen schreitet über ihn,
Das Leben geht, doch bleibt er hier.

Der Fuchs, der kauert, stiehlt heran,
Die Krähe wartet, wie sie kann,
Und dennoch liegt ein stiller Hauch,
Wie Abschied auf dem kalten Bauch.

So ruht er nun, der Hase klein,
Im Schoß der Erde sanft und rein,
Ein Tropfen Leben, schnell verflogen,
Vom Wind noch ein letztes Mal umwogen.

Der Finger von Neubrandenburg

Wie eine Hand aus alter Zeit,
Greift der Finger weit ins Land,
Ein stiller Pfad, in Einsamkeit,
Von Wellen weich an Land gespült, verwandt.

Hier trifft das Wasser auf das Gras,
Der Nebel hebt sich, sanft und klar,
Ein Hauch, ein Schimmer, wie aus Glas,
Verlässt das Land und zieht, so nah.

In stillen Kreisen, ziehn die Schwäne,
Die Seerose im Schatten blüht,
Der Finger streckt sich, wie in Tränen,
Vom Ufer fort, ins Blau erblüht.

Die alten Bäume, fest verwurzelt,
Die Eiche alt, der Weiden Klang,
Halten das Land im stillen Glanz,
Ein Wachtplatz über See und Hang.

Der Finger, still und unbewegt,
Ein Zeiger nur in ew'ger Ruh,
Schaut auf das Land, das vor ihm liegt,
Und deutet stumm dem Wandel zu.

Ein Kuss

Ein Kuss, so leise wie das Licht,
Das durch das Fenster leise bricht,
Ein Hauch, ein Flüstern, kaum gesehn,
Verbindet, was zuvor allein.

Die Lippen nah, das Atemspiel,
Ein Wogen, warm und zärtlich still,
Ein flüchtig, kostbarer Moment,
Wie Seide, die den Wind erkennt.

Der Augenblick – die Zeit hält an,
Und alles, was man spüren kann,
Sind Haut und Wärme, Duft und Sinn,
Wo ich beginn', wo du beginnst.

Ein Kuss, der wie ein Frühling blüht,
Der eine Sehnsucht still umzieht,
Und Worte, die kein Wort mehr braucht,
Nur dieser Hauch, der alles taucht.

So bleibt ein Kuss, im Schweigen groß,
Ein Herz, ein Flüstern, zart und bloß,
Ein Hauch, ein Glühn, ein leises Muss,
Das ewige Geheimnis: Kuss.

Der Soldat

Der Soldat, im Staub der Zeit,
Geprägt von Mut, von Angst befreit,
Mit festem Blick und stiller Kraft,
Die Erde schwer, die ihn umfasst.

Er zieht ins Feld mit Rüstung stumm,
Das Herz ein Stein, die Schritte stumm,
Das Land, das ihn zur Heimat nennt,
Liegt fern, wenn fern die Feuer brenn'n.

In Nächten dunkel, ohne Licht,
Fragt er sich selbst, was Frieden ist,
Ob Schmerz und Kampf, ob Ruhm und Ehr'
Die Heimat retten, wenn nichts mehr wär'.

Die Kameraden, Hand in Hand,
Gefallen bald im fremden Land,
Doch weiter zieht sein stiller Blick,
Nach vorn, trotz Angst und herben Glück.

Und wenn der Morgenröte Glanz
Sein letztes Schlachtfeld übermannt,
Legt er sein Schwert zur Erde hin,
Im Frieden sucht er Sinn und Sinn.

So ist der Soldat, wie mancher war,
Ein Wanderer, allein und klar,
Sein Herz ein Opfer, voller Mut,
Gefärbt von Staub, doch stark im Blut.

Der Politiker
Er steht im Licht, im lauten Saal,
Wo Worte schärfer sind als Stahl,
Ein Mann, der fest und sicher spricht,
Doch hinter Stirn und Blick – ein Riss.

Versprechen blühen wie das Laub,
Sein Mund voll Ziele, Mut und Glaub,
Doch wessen Träume trägt er nun?
Wer hört die Wahrheit hinterm Tun?

Ein Blick ins Volk, die Stirn gekräuselt,
Das Lächeln glatt, das Haar geölt,
Er formt die Zukunft, fest und klug,
Doch Zeit ist gnadenlos und klug.

So führt er sich durch Raum und Wort,
Mit festem Schritt an fremden Ort,
Ein Leben lang im lauten Streben,
Das Schicksal andrer festzuweben.

Und spät, wenn alle Lichter ruhen,
Fragt er sich leise, was er tat,
Ob er als Mann den Pfad beging,
Den nicht nur fremde Stimmen singen.

Der Politiker – ein Spiel aus Macht,
Geformt aus Stimme, Glanz und Nacht,
Ein Wanderer auf dünnem Pfad,
Ein Mensch, geformt vom eignen Rat.

Grashalm und Marienkäfer

Ein Grashalm neigt sich, dünn und still,
Im Morgenlicht, das tauig will,
Ganz zart im Wind, doch stark und rein,
Ein kleiner Held im grünen Schein.

Auf ihm ein Käfer, rot und klein,
Mit Punkten, schwarz und rund und fein,
Er krabbelt sacht den Halm hinauf,
Ein zarter Tanz, ein kleiner Lauf.

Der Halm, er schwingt, ganz sanft und leis,
Der Käfer hält, was auch geschieht,
Die beiden stehn im Sonnenkreis,
Ein Bild, das still vom Leben spricht.

Ein Augenblick, so groß und klein,
Im leichten Hauch, im goldnen Schein,
Der Käfer ruht, der Halm sich wiegt,
Ein kleines Wunder, das hier liegt.

So schlicht, so sanft, so stark vereint,
Zwei Wesen, die der Tag bescheint,
Ein Grashalm nur, ein Käfer klein,
Und doch ein Bild von Leben rein.

Die Feuerwehr von Neubrandenburg

Wenn nachts der Sturm durch Straßen jagt,
Und Feuer wütet, hell entfacht,
Dann eilt ein Ruf, ein schneller Schritt,
Die Feuerwehr, die keiner bricht.

Aus dunklen Hallen, rot und grell,
Mit Sirenenton, mit Blaulicht schnell,
Fährt sie hinaus in Rauch und Glut,
Ein Herz aus Stahl, ein Herz voll Mut.

Die Stadt erwacht, wenn alles ruht,
In Händen, die das Feuer tun,
Sie halten Wache, still und fest,
Im Kampf, der keine Schwäche lässt.

Die Menschen sehen nur den Schein,
Doch hier, wo Flammen lichterloh,
Sind sie es, die der Glut sich nah'n,
Und löschen, was in Asche droht.

Ein Leben für das fremde Wohl,
Im Dienst der Stadt, im schnellen Soll,
Die Feuerwehr von Neubrandenburg,
Ein Schild aus Mut, ein Hort der Burg.

So wachen sie bei Tag und Nacht,
Ein Löschzug, der das Leben lacht,
Und bleibt das Feuer still und fern,
Sind sie doch da, bereit und gern.

Die erste Liebe

Die erste Liebe, zart und sacht,
Ein Flüstern nur, das Lächeln macht,
Ein Blick, der wie der Morgen scheint,
Der Herz und Welt im Traum vereint.

Ein Knistern, das im Herzen wohnt,
Ein süßer Schmerz, der schier belohnt,
Die Luft ist leicht, die Zeit so still,
Und alles wird, was man nur will.

Die ersten Worte, noch so scheu,
Ein Lachen hell, so frei, so neu,
Ein Händedruck, ein warmer Hauch,
Ein leiser Kuss, der wächst wie Tau.

So schnell, so tief, so ungewohnt,
Ein Herz, das wilder schlägt und pocht,
Und doch so fragil, wie ein Glas,
Das funkelnd kurz im Lichte blass.

Die erste Liebe – fern und nah,
Ein Leuchten, das bleibt immer da,
Ein leiser Glanz, der nie vergeht,
Der ewig still im Herzen steht.

Die Geburt

Ein erster Schrei, ein Hauch, ein Licht,
Das Leben bricht den stillen Blick,
Ein Herz beginnt, so klein, so rein,
Zu schlagen in den Raum hinein.

Ein Atemzug, der erste Klang,
Ein kleines Wesen, zart und bang,
Die Augen blinzen, wundern sich,
Die Welt so neu, so warm, so licht.

Die Hände tasten, finden Halt,
Die Finger winzig, weich und kalt,
Und doch liegt in dem kleinen Griff
Ein großes Staunen, stark und tief.

Die Welt beginnt, im Augenblick,
Mit einem Schrei, der ersten Regung,
Die Zeit erwacht, der Anfang lebt,
Ein Wunder, das die Liebe webt.

So wird ein Mensch ins Sein gebracht,
Im ersten Laut, im ersten Lachen,
Ein Neuanfang, der ewig klingt,
Und neues Leben leise bringt.

Die Briefträgerin

Die Straße lang, bei Wind und Regen,
Geht sie mit schnellen, leisen Schritten,
Die Taschen schwer, der Weg weit fort,
Trägt Worte sie von Ort zu Ort.

Ein Gruß, ein Brief, ein stilles Lächeln,
Ein kleines Päckchen, sorgsam, schwer,
Sie trägt die Grüße, die Geschichten,
Von Herz zu Herz, von Tür zu Tür.

Die Stadt noch still, der Morgen grau,
Im ersten Licht, im Nebelblau,
Geht sie, die Briefträgerin klar,
Mit all den Leben, die sie sah.

Manch Haus kennt sie, manch kleines Fenster,
Wo täglich Grüße warten drauf,
Ein Lächeln hier, ein „Danke sehr“,
Und weiter geht's, das Herz voll schwer.

Ein leiser Dienst, doch stets dabei,
Die Botschaften, die Welten frei,
Die Briefträgerin bringt das Glück,
Und kehrt am Abend heim zurück.

Der Kirschendieb

Ein Junge huscht, so flink und leicht,
Zum Gartenzaun, den keiner reicht,
Die Kirschen rot, wie süßer Glanz,
Ein Schatz, der lockt zum Wagnistanz.

Mit leisen Schritten, Hand im Baum,
Zieht er die Früchte, rot und warm,
Er stopft sie schnell in Tasche tief,
Da bellt es laut – der erste Rief.

Zwei Hunde springen auf ihn los,
Der Junge rennt, die Kirschen groß,
Sein Herz schlägt schnell, die Beine fliegen,
Die Hunde heulen, nah am Siegen.

Ein Haken hier, ein Sprung da lang,
Der Junge flieht, mit Furcht und Drang,
Die Hunde bellen, nah und dicht,
Doch durch die Büsche – kein Gesicht.

Er huscht ins Gras, er springt zur Hecke,
Die Tasche schwer, die Füße dreckig,
Ein letzter Sprung – da ist das Tor,
Er lacht und pfeift im Kirschenchor.

So sitzt er nun, mit rotem Mund,
Ein Dieb, der Kirschen süß verschlingt,
Und denkt an Hunde, Schnauz und Biss,
Doch heute blieb's beim Abenteuerkuss.